글 박영란

1970년 서울에서 태어나 대학에서 국문학을 공부했습니다.
어린이들이 호기심을 채우고 상상의 날개를 펼 수 있게, 즐겁고 재미있는 글을 쓰는 데 힘을 쏟고 있습니다.
쓴 책으로는 〈야, 공이다!〉, 〈세계 대표 전래동화 50〉, 〈색깔 속에 숨은 세상 이야기〉, 〈놀면서 배우는 스포츠 백과〉,
〈자린고비와 달랑곱재기〉, 〈도깨비 옷에 구멍이 뽕!〉, 〈소녀들의 끼를 살려 주는 재능백과〉 등이 있습니다.

그림 정세연

이화여자대학교 동양화과를 졸업하고, 출판미술대전에 입선하여 일러스트를 시작하게 되었습니다.
이 책에서는 콜라주, 구아슈, 오일 파스텔, 수채화 물감 등을 사용하여 아이들에게 자칫 딱딱하게
다가올 수 있는 생활 속 규칙들을 좀 더 쉽고 재미있게 알려 주기 위해 노력했습니다.
그린 책으로는 〈형아가 되었어요〉, 〈부엉이가 받은 선물〉, 〈어린 왕자〉, 〈톰 소여의 모험〉 등이 있습니다.

감수 신항균

성균관대학교 대학원 수학과를 졸업했습니다.
공군사관학교와 우석대학교 교수를 역임했고,
미국 애리조나 주립대학교 수학과 교환교수로도 활동한 바 있습니다.
지금은 서울교육대학교 수학교육과 교수로 재직 중이며,
동 대학교 초등수학교육연구소장으로 있습니다.
또한 서울교육대학교 영재교육원 운영위원으로도 활동하고 있습니다.
초등학교와 중학교, 고등학교에 이르기까지 수학교과서 집필책임교수로 활동했고,
저서로는 〈수학사와 수학이야기〉, 〈클릭 수학나라〉, 〈영재들의 1등급 수학교실 시리즈〉가 있습니다.

2단계 생활 속 규칙 24

카멜레온을 조심해

글 **박영란** 그림 **정세연** 감수 **신항균**
펴낸곳 **(주)아람키즈** | 펴낸이 **이소영** | 주소 **서울특별시 성동구 성수이로 147 아이에스비즈타워 2F**
고객센터 **1644-4521** | 팩스 **02-468-5548** | 홈페이지 **www.aramkids.co.kr** | 출판등록 **제2020-000011호**
기획 편집 디자인 **(주)아람키즈 하늘땅**
ISBN **979-11-6543-565-3 979-11-6543-509-7(세트)**

카멜레온을 조심해

글 박영란 · 그림 정세연 · 감수 신항균

아람키즈

강아지 버크에게 새로운 친구가 생겼어.
신기하게 생긴 ***카멜레온**이야.

버크는 카멜레온이 아주 마음에 들었어.

버크는 카멜레온을 데리고 거리로 나왔어.
길을 건너려고 *횡단보도로 갔지.
사람들은 신호등이 빨간색 불일 때 모두 서서 기다리더니,
초록색 불로 바뀌자 횡단보도를 건너기 시작했어.

그때였어. 카멜레온이

"초록색이 마음에 든다. 초록색은 내 거다."

하더니, 신호등의 초록색을 호로록 먹어 치웠어.

"초록색은 맛도 좋아."

신호등의 초록색 불이 사라지자,
횡단보도를 건너던 사람들은 이리저리
왔다 갔다, 버스는 달려오다 끼익!

사람도 차도 가야 할지 말아야 할지 몰랐어.
버크는 깜짝 놀라 발만 동동 굴렀지.
하지만 카멜레온은 사람들이 그러거나 말거나.

어디선가 북소리와 *응원 소리가 들려왔어.

카멜레온은 소리가 나는 곳을 향해
성큼성큼 가 버렸지.
버크가 따라가 보니 학교 운동장이었어.

"청군 이겨라! 백군 이겨라!"
파란색 옷을 입은 청군 아이들끼리
하얀색 옷을 입은 백군 아이들끼리
각각 한편이 되어 줄다리기를 하고 있었지.

그때였어.

카멜레온이

"파란색이 마음에 든다. 파란색은 내 거다."

하더니, 아이들 옷과 *깃발의 파란색을 날름날름 먹어 치웠어.

"꺼억, 이제 조금 배가 부르네."

운동장은 온통 하얀색 옷, 하얀색 깃발로 가득했어.

같은 편끼리 같은 색이어야 하는데 모두가 하얀색이니
도대체 누가 자기편인지 알 수가 없었지.

아이들은 서로 소리를 지르며 어쩔 줄 몰라 했어.
하지만 카멜레온은 아이들이 그러거나 말거나.

버크는 점점 화가 났지만 꾹 참았어.

이번에는 카멜레온과 함께 놀이터로 갔어.

마침 놀이터에서 아이들이 *체스 게임을 하고 있는 거야.

하얀색 말과 검은색 말이 겨루고 있었어.

카멜레온도 하얀색 칸, 검은색 칸으로 말을 옮기며 솜씨를 뽐냈지.

그런데 카멜레온이 체스 판을 물끄러미 보는 거야.
"검은색이 마음에 든다. 검은색은 내 거다."
하더니 체스 판의 검은색을 호로록 먹어 치웠어.
"너무 많이 먹었나? 꺼~억."

체스 판에서 검은색 말이 사라져 버렸어.
더군다나 체스 판의 검은색 칸도 모조리 하얀색이 되어 버렸어.
검은색 말을 가졌던 아이는 엉엉 울기 시작했고,
하얀색 말을 가졌던 아이도 소리를 질러 댔지.
"검은색이 몽땅 사라졌는데 어떻게 게임을 해?"

버크는 머리끝까지 화가 나서 소리쳤어.

"신호등의 초록색을 먹어 버리면,
사람들이 길을 건널 수가 없잖아!"

"옷의 파란색을 먹어 버리면,
누가 자기편인지 모르잖아!"

"체스 판의 검은색을 먹어 버리면,
말이 움직이지도 못한단 말이야!"

카멜레온은 들은 체 만 체 하더니
갑자기 배를 잡고 떼굴떼굴 굴렀어.
“아이고, 배야! 너무 많이 먹었나 봐, 왝!”
카멜레온의 입에서 색들이 튀어나오기 시작했어.

초록색은 신호등으로,
파란색은 아이들 옷과 깃발로,
검은색은 체스 판으로 날아갔지.

그러고는 카멜레온은 자기가 살던 곳으로
돌아가 버렸대.
아마 지금도 어딘가에서 색을
훔쳐 먹고 있는지도 몰라.

엄마가 보기

생활 속 규칙을 알아보아요

시계나 달력처럼 생활 속의 사물 중에 규칙이 들어 있는 경우가 많습니다.
시계의 경우, 1부터 12까지의 수가 계속해서 반복되지요.
달력의 경우, 월요일부터 일요일까지의 일주일이 계속해서 반복되고요.

그런데 **규칙**은 **반복되는 패턴인 동시에 하나의 약속**이기도 합니다.
월요일부터 일요일까지 반복되는 일주일 자체만으로도 하나의 규칙이지만,
매 요일마다 반복적으로 해야 하는 일이 정해져 있다면 그 또한 하나의 규칙입니다.
이것을 일상생활과 연결시켜 생각해 볼 수 있습니다. 신호등의 빨간색 불에서
초록색 불로 바뀌는 것도 규칙이지만, 빨간색 불일 때는 멈추고
초록색 불일 때 건너야 하는 것도 규칙임과 동시에 약속인
것입니다. 아이의 손을 잡고 횡단보도를 건너며 신호등 색의
변화를 살펴보고, 아이가 사회적 약속으로서의 규칙을
이해할 수 있도록 도와주세요. 또 횡단보도를 건널 때
"흰색 줄과 검은색 줄이 반복되고 있네?"라며 무늬의
규칙도 함께 인지할 수 있도록 가르쳐 주세요.

아이가 보기

카멜레온이 색을 먹어 버렸어요

카멜레온이 색을 먹어 버리자 어떤 일이 벌어졌나요?

신호등의 초록색 불이 사라져,
사람들이 길을 건널 수가 없어요.

아이들 옷과 깃발의 파란색이 사라져,
누가 자기편인지 알 수가 없어요.

아이와 함께 하기

함께 해 보아요

색종이를 오려서 횡단보도를 만들려고 해요.

횡단보도의 무늬처럼 검은색, 하얀색, 검은색, 하얀색 순서로
규칙에 따라 빈칸에 검은색을 칠해 보아요.

수도꼭지의 손잡이를 왼쪽으로 돌리면 물이 나오지요.
잠그려면 오른쪽으로 돌리면 되고요. 이것도 생활 속의 규칙이에요.

수도꼭지의 빨간색 손잡이를 돌리면 뜨거운 물이 나오고,
파란색 손잡이를 돌리면 찬물이 나오는 것도 정해진 약속이자 규칙이에요.